Alexander Walther

Die Laubmoose Oberfrankens

Beiträge zur Pflanzengeographie und Systematik und zur Theorie vom Ursprunge

der Arten

Alexander Walther

Die Laubmoose Oberfrankens
Beiträge zur Pflanzengeographie und Systematik und zur Theorie vom Ursprunge der Arten

ISBN/EAN: 9783742870520

Hergestellt in Europa, USA, Kanada, Australien, Japan

Cover: Foto ©berggeist007 / pixelio.de

Manufactured and distributed by brebook publishing software
(www.brebook.com)

Alexander Walther

Die Laubmoose Oberfrankens

DIE

Laubmoose Oberfrankens.

Beiträge

zur

Pflanzengeographie und Systematik

und zur

Theorie vom Ursprunge der Arten

von

Dr. Alexander Walther

und

Ludwig Molendo,

Verfasser der Algäuer Moosstudien.

LEIPZIG 1868.

In Commission bei Wilhelm Engelmann.

Druck von Höreth in Bayreuth

Inhalts-Verzeichniss.

IV

II. Aufzählung der Laubmoose Oberfrankens.

III. Pflanzengeographische Betrachtungen.

Vorwort.

In den vorliegenden Blättern übergeben wir den Freunden der Botanik eine gedrängte Zusammenstellung der bis jetzt in Oberfranken endeckten Laubmoose, geordnet nach dem heutigen Standpunkte der Wissenschaft, an die wir einige Ausführungen über Verwandtschaft und Vertheilung knüpfen. Auch den orographischen und geognostischen Verhältnissen des Bodens wurde möglichst Rechnung getragen.

Obwohl die bryologische Untersuchung des besagten Kreises noch manche grosse Lücke bietet, deren Ausfüllung uns trotz brieflicher Anfragen unmöglich war; so ist doch das hiefür benützte Material sicher ein reichhaltiges. Die Hauptgrundlage, namentlich für die Flora des Fichtelgebirges, lieferten die edirten Sammlungen **und Schriften** unseres jedem Botaniker bekannten H. Ch. **Funck**, die mit möglichster Sorgfalt benützt und **von verschiedenen** Seiten bestätigt wurden. Es war hier **nemlich** Gelegenheit geboten, alle zweifelhaften Fälle durch Vergleich mit der reichen, von Funck eigenhändig etikettirten, der Bayreuther Gewerbschule zum Geschenke gemachten Sammlung und mit seinem eigenen hinterlassenen Herbarium aufzuhellen. Letzteres danken wir dem freundlichen Entgegenkommen seines Sohnes, H. G. Funck, **der** unsere Flora mit so manchem schönem Funde **bereicherte. Zum wärmsten** Danke **verpflichtete** uns **Herr** Professor Laurer in Greifswalde, wohl der bessste jetzt lebende Kenner des Fichtelgebirges. Derselbe versah nicht nur in liberalster Weise unser Manuscript mit den

Angaben seiner so ausgedehnten, wie schönen Funde,
sondern sandte uns auch noch zahlreiches Material als
Beleg. Herr Bezirksgerichtsrath F. Arnold in Eich-
stätt, der seit einer langen Reihe von Jahren der bryolo-
gischen und lichenologischen Untersuchung des fränkischen
Jura seine Mühe und Zeit rastlos geopfert, theilte uns
mit dem freundschaftlichsten Entgegenkommen ebenfalls
seine reichen Beobachtungen mit. Mit gleich' grosser Gefäl-
ligkeit stellte uns Herr Apotheker Meyer die Resultate
seiner langjährigen Thätigkeit zur Verfügung, indem er
uns Monate lang se'ne Moossammlung zur Einsicht über-
liess. Ueber die Moose des oberfränkischen Steigerwaldes lag uns nicht nur eine sehr gründliche Arbeit von
Herrn J. K. Kress, Wundarzt zu Kloster-Ebrach vor*),
welche diesen Blättern bedeutende Ausbeute lieferte,
sondern er bereicherte uns auch ausserdem mit ander-
weitigen gefälligen Beiträgen. Mit mancher werthvollen
Notiz erfreute uns auch der selige Revierförster Ph.
Jäcklein und manche entnahmen wir auch dem von
Professor F. Braun dahier hinterlassenen Materiale.
Unser leider der Wissenschaft zu bald entrissener Freund
Dr. Carl Schimper widmete der hiesigen Gegend im
Jahre 1857 ebenfalls seine Aufmerksamkeit und ent-
deckte mit gewohntem Kennerblicke so manchen neuen
Bürger dieser Flora. Ebenso nimmt Dr. Carl Walther,
Arzt in New-York, unser nächster Verwandter, keinen
unbedeutenden Antheil an unseren Funden. Wir selber
haben auf zahlreichen Ausflügen, bei welcher wir uns
öfter der Gesellschaft so werther Fachgenossen und
Freunde, wie Carl Schimper, Lorentz etc. erfreuten,
die wichtigsten Punkte des Gebietes durchforscht und den

---

*) „Die Laubmoose Unterfraukens und des angrenzenden ober-
fränkischen Steigerwaldes" in den Verhandlungen des Würzburger phys.
med. Ges., B. VII., 1856.

Stoff nach allen Richtungen hin zu mehren und zu verarbeiten gesucht.

So wurden auch zur Bequemlichkeit der Leser allen oberfränkischen Moosen, welche in Schimper's Synopsis fehlen, Originaldiagnosen aus den betreffenden, nicht Jedem leicht zugänglichen Schriften beigegeben.

Herzlicher Dank sei auch noch jenen Männern abgestattet, welche unsere Anfragen über kritische Formen durch Mittheilung ihrer so werthvollen Ansichten ebenso rasch, als scharfsinnig erledigen halfen. Wir nennen hier die Herrn: Professor Dr. S. O. Lindberg im fernen Helsingfors, Dr. S. Berggren in Upsala, Dr. J. Juratzka in Wien, Dr. L. Rabenhorst in Dresden und Dr. P. G. Lorentz, Privatdozent in München. Schliesslich sagen wir den vielen Freunden, den hiesigen wie den fernen, die uns auf die zuvorkommendste Weise mit literarischem Material aller Art unterstützten, unsern innigen Dank.

Möge unsere bescheidene Arbeit die Kenntniss unserer heimathlichen Moose fördern, und eine wohlwollende und nachsichtige Aufnahme finden.

BAYREUTH, den 1. Juli 1868.

Die Verfasser.

I.
Geographische Verhältnisse.

Lage, Bedeutung und Eintheilung des Gebietes.

Das Gebiet, dessen Laubmoose die Veranlassung zu diesen Besprechungen gaben, — Oberfranken liegt zwischen 49° 35′ und 50° 36′ nördlicher Breite, und zwischen 28° 10′ und 29° 54′ östlich von Ferro. Es ist weniger durch seine Grösse (125,91 Quadratmeilen) oder durch die Differenzen seines Niveaus, als vielmehr durch die Lage wichtig, welche es einnimmt. Die höchsten Theile des Landes liegen beiläufig in der Mitte der hercynischen Waldgebirge, welche, quer durch Deutschland ziehend, nicht nur die Bahnen der Gewässer und Völker, sondern auch die der Pflanzen auf ihren Wanderungen beeinflusst haben.

An das hercynische Hochland schliessen sich lange sanfte, meist den Zeiten der Trias entstammende Hügelwellen, aus welchen ein flach gescheitelter mässiger Höhenwall emporwächst, — die nördliche Zunge jener Ablagerungen, welche vom fernen Südwestfusse der Alpen bis ans Herz der hercynischen Bildungen in staunenswerth gleichförmiger Weise aufgebaut sind, und welche man unter dem Namen des Jura zusammenzufassen gewohnt ist. Die späteren Epochen haben wohl vieles an der Plastik des Landes verändert, aber verhältnissmässig nur wenig neuen Baustoff herbeigeführt.

1*

Den vermittelnden Charakter, **welchen** die Stellung
der Höhenzüge verräth, tragen auch die klimatischen Zu-
stände an sich, wie dies von Ph. Carl, z. Th. auf die
vorzüglichen Beobachtungen des Regierungsrathes Blum-
röder gestützt, in der Bavaria (III, **1.** Abth. p. 72 ff.)
nachgewiesen ist. Wir bedauern, dass **uns** der Raum
der Arbeit versagt, dieselben hier wiederzugeben, sowie
dass es bisher an meteorologischen Beobachtungen von
höheren Punkten des Fichtelgebirges noch total fehlt.
Diese Lücke lässt es nemlich wenig thunlich erscheinen,
den Grad der klimatischen Rauhheit dieses Hochlandes
durch Zahlen zu versinnlichen und z. B. den Gang der
Temperaturabnahme bei Zunahme der Meereshöhe genau
darzustellen. Obwohl der tiefste und der höchste Punkt
Oberfrankens nur durch eine Differenz von kaum 2500' p.
verschieden sind, legt doch das Auftreten einiger Pflanzen-
formen die Vermuthung nahe, dass die Wärme auch hier
nicht in dem bekannten arithmetischen Verhältnisse ab-
nehme. Besonders nothwendig wären solche Beobachtungen,
die z. B. im Waldsteinhause und an ähnlichen Orten an-
gezeigt wären, auch um der genauen Bestimmung jener
erstaunlichen Schneemassen willen, mit denen der Winter
das eigentliche Hochland belastet, und welche sich der
Berechnung auf dem Wege der Interpolation gänzlich zu
entziehen scheinen.

Das Gebiet zerfällt, wie vorhin angedeutet wurde,
in drei orographische Glieder, die um so natürlicher sind,
als sie mit der geologischen Urgeschichte des Landes har-
moniren. Es gibt einen uralten Kern von krystallinischen
und paläozoischen Gesteinen, — das **Fichtelgebirge, an**
diesen lehnt sich ein Strand von sandigen und kalkigen
Bildungen aus der Triaszeit, der selber wieder zum
Gestelle gewaltiger Felsriffe, zur Basis des **Juragebirges**
wird.

I. Fichtelgebirg und Thüringerwald.

Allgemeines.

Das Fichtelgebirge liegt bekanntlich nahezu „in der Mitte des deutschen Landes, ja fast Europa's" und ist als eine der wichtigsten Wasserscheiden des Erdtheils längst berühmt.

Auf engem Raume benachbart entspringen hier Quellen, deren letzte Ziele Elbe, Rhein und Donau, resp. die Nordsee und das schwarze Meer sind. Die Geographie zeigt uns, dass solche Stellen meist dort entstehen, wo verschiedene Gebirgsysteme sich begegnen. Auch bei diesem Knotenpunkte, der vier Ströme nach verschiedenen Himmelsgegenden entsendet, hat dieselbe Ursache gewirkt. Er steht da, wo der von Nordwest nach Südost gerichtete Zug der hercynischen Bildungen von dem des Erzgebirges in einem rechten Winkel getroffen wird. Die Richtung seiner Berge und Thäler entspricht nun bald der einen, bald der andern jener beiden Hebungslinien und so entstanden nach allen Seiten hin Thore für den Abfluss der Gewässer. Das Fichtelgebirge besitzt daher, wie es bei einer solchen Durchkreuzung zweier Richtungen nicht anders zu erwarten ist, kein rein ausgeprägtes und kein einseitig paralleles System von Flussthälern.

Die Durchkreuzung zweier Hebungslinien hat aber noch eine andere wichtige Folge gehabt, sie musste die Abgrenzung zwischen Fichtel- und Erzgebirge verwischen; ersteres hat keine deutliche Nordostgrenze und geht in dieser Richtung vollständig in das letztere über.

Die allzu dichte Aneinanderreihung der einzelnen Gebirgsglieder kann unter Umständen gleichfalls die

Grenzen derselben verwischen. Desshalb betonten wir bereits die Richtung der hercynischen Gebirgskette, welche vom Harze aus südöstlich bis zur Donau führt.

Das Fichtelgebirge, nur ein Glied dieser Kette, wird **also mit dem** nordwestlichen wie mit dem südöstlichen Nachbargebirge zusammenhängen können, falls es nicht etwa durch breite Buchten so davon geschieden ist, wie eine Insel von ihren linear aneinander gereihten Schwestern.

Natürliche Begrenzung.

In der That, gegen Nordwesten hat die Natur eine solche scharfe Trennung nicht vorgenommen. Wer das Land von Münchberg oder Zell bis Teuschnitz und Ludwigstadt mit unbefangenem Auge durchwandert hat, kann nicht auf die Idee kommen, eine solche Bucht oder Verebnung überschritten zu haben; sondern es ist ein und dasselbe Plateau (wenn auch der Gesteinscharakter wechselte), das ihn ganz allmählig bis an den Kamm des Thüringer-Waldes brachte. Noch weniger wird man glauben können, ein selbstständiges Gebirge hinter sich zu haben, das zwischen Thüringerwald und Fichtelgebirge, als ein diesen gleichwerthiges Glied der hercynischen Kette, eingekeilt wäre.*) Wohl aber hat man mit jener Wanderung die breite Landbrücke zwischen beiden passirt, — **eine** Brücke und keine irgendwie markirte Grenze. Es existirt, mit einem Worte, im Fichtelgebirge keine scharfe Absonderung vom Nachbargebirge des Thüringer-Waldes, sondern sie sind so innig verwachsen wie die Glieder ein und desselben Fingers. Der Frankenwald und der breite Landrücken, der über den Döbra und Hohberg zum Haidberg bei Zell zieht, bilden zusammen

---

*) Wie **Walther** in seiner trefflichen **topischen Geographie** p. 174 annimmt.

den vielverzweigten breiten Kamm des von Thüringen
nach Südost weiterziehenden hercynischen Gebirges, der
anfangs noch um so mehr vom thüringischen Charakter
an sich trägt, je weniger die Gebirgsaxe von den Wir-
kungen jener Durchkreuzung gestört ist. Vielleicht irrt
man nicht, wenn man die Aufstauung des Granites im
Fichtelgebirge zu seiner heutigen Höhe, d. h. die selbst-
ständige Existenz dieses Gebirges, auf Rechnung des
rechtwinkligen Zusammentreffens der öfter genannten
zwei Hebungslinien setzt. Ohne dasselbe würde vielleicht der Granit der Centralgruppe gar nicht zu Tage
stehen, oder dieser Bergwall hätte doch wenigstens keine
bedeutende Höhe erreicht. Dann würde die Wissenschaft ihn offenbar für den letzten südöstlichen Ausläufer
des Thüringer-Waldes halten, und seinen Granit würde
sie mit jenen Granitstöcken vergleichen, welche südlich
vom Insels- und vom Beerberge sich ausbreiten. Ohne
jene Durchkreuzung würde demnach die Geographie
vielleicht gar keine Veranlassung haben, vom Fichtelgebirge als von einer selbstständigen Bildung im Gegen-
satze zum Thüringer-Walde zu sprechen. Bei dem
innigen Verbande dieser beiden Gebirge gibt es eben
zwischen ihnen gar keine scharfe orographische Grenze,
sondern nur eine ziemlich ideale, eine so verschwommene,
dass, wie wir sehen werden, auch bedeutende geogra-
phische Autoritäten darüber in Zweifel sind. Zweifellos
aber ist die Existenz einer hohen, die Centralmassen
beider Gebirge innig verknüpfenden Terrasse, welche
auch schon innerhalb der Landesgrenze vollkommen den
Charakter des Thüringer-Waldes angenommen hat.

Gegen das Gebirge des bayerischen oder Böhmer-
waldes aber existirt eine bedeutende Depression, welche
immerhin für eine natürliche und deutliche Grenzlinie
gelten darf. Gümbel nennt sie die „Naabwondreb-
Verebnung" nach zwei durchströmenden Flüssen, von

welchen einer zur Eger und Elbe, der andere zur Donau sich wendet. Diese Linie wird auch dem ungeübten Auge durch jenes plötzliche Aufsteigen der Kössein- und Steinwald-Gruppen bemerkbar, welches einen Hauptreiz von Kemnath bildet. Dagegen müssen wir verzichten, eine Grenze gegen das Erzgebirge und die voigtländischen Höhenzüge zu finden. Die zwei Linien Eger-Oelsnitz-Plauen und Oelsnitz-Gefell-Blankenstein deuten an, was nicht mehr Fichtelgebirg ist.

Eine sehr deutliche Grenze hat das Fichtelgebirge gegen Südwest. Hier schneidet es sich mit der weithin sichtbaren Linie eines prallen Steilrandes von den jüngeren vertieften Sedimentbildungen ab. Diese schöne Linie läuft von Stockheim über Kronach, Wiersberg, Berneck und Weidenberg nach Kulmain.

Gliederung des Gebirges.

Dieses so begrenzte Gebiet bildet also das Fichtelgebirge im weiteren Sinne, das somit über die Grenzen unserer Arbeit hinausreicht, weil über die unseres Kreises. Wie nun schon oben bemerkt wurde, herrscht darin kein durchgreifendes einförmiges System von paralleler Rücken- und Thalbildung, sondern grosse Abwechslung. Gleichwohl herrschen zwei Richtungslinien vor. Die eine ist die von Nordwest nach Südost laufende; die andere ist die senkrecht darauf stehende von Südwest nach Nordost, — entsprechend der Kreuzung zweier Hebungssysteme krystallinischer Gesteine. In Folge dessen sehen einzelne Abtheilungen des Gebietes sehr verschieden aus. Im Quellgebiete der Rodach, im Thonschieferplateau des Frankenwaldes, reihen sich stundenlange Bergrücken und tiefe Thalspalten alle fast in derselben Richtung an einander; in der Osthälfte, z. B. im Quellgebiete der Naab und Eger, verhält es sich anders; die Berge sind

mehr gewaltige Kugelsegmente und reihen sich in Huf-
eisenform aneinander, die Thäler ändern öfter die Richtung u. s. w. Indem nun ferner einzelne tiefere Ein-
sattelungen die Bergstöcke der Osthälfte oder des Fichtelgebirges im engeren Sinne zerlegen, so entsteht hier
noch eine weitere Gruppirung im Grossen: welche um
so deutlicher erscheint, je mehr sie sich den Gesteins-
grenzen anschliesst und je mehr „die höchsten Erhebungen
mit der Entwicklung zu den ausgedehntesten Bergmassen
zusammenfallen". Dadurch entstanden drei wohlverschie-
dene Gebirgsglieder: ein deutlich ausgeprägter Central-
stock, jener mythenreiche eigentliche „Fichtelberg" der
Alten, der selber wieder aus verschieden gestalteten granitischen Lappen besteht, und zwei gleichgrosse Vorgebirge: der basaltreiche Steinwald im Süden und das
Münchberger Hochland im Nordwesten der Centralgruppe. Letzteres geht unmerklich — d. h. ohne durch
augenfällige Marken wie durch Steilränder, Einsenkungen,
Thalungslinien und dergl. davon getrennt zu sein — in
das grosse Thonschieferplateau der Westhälfte, in den
Frankenwald über.

Die Centralgruppen.

Die Granitberge des Centralstockes sind so geordnet,
dass man ihre Stellung öfters mit einem, freilich etwas
zerbrochenen, riesigen Hufeisen verglichen hat, dessen
Oeffnung nach Osten und dessen Scheitel nach Westen
schaut. An diesem Letzteren ist auch die höchste Erhebung der Granitmasse entwickelt, der Ochsenkopf 3160′
und der Schneeberg 3272′, beides kleine Felsköpfe auf
riesigen Bergleibern. Jedoch liegen diese zwei Hochpunkte
nicht in einem gemeinsamen Bergzuge, sondern sie sind
durch eine torfige 8—900′ tiefe Einsattelung getrennt,
durch die Seelohe mit dem sogenannten Fichtelsee 2399′,

welche sie mit schroffen Waldhängen einrahmen. Durch diese „Seelohe" führt die neue Strasse von Bayreuth nach Wunsiedel, welche beim Fichtelsee über das Gehänge zwischen Platte und Mätzen zum Silberhaus und **von** da nach Tröstau läuft. Diese Fichtelsee-Ebene ist ein ungemein wichtiger Punkt, hier trennen sich Berg- und Thalzüge im engsten Raume von einander, die Main- und Naab-Quellen, die Naab- und Steinach-Gewässer, die Stöcke des Schneeberges und Ochsenkopfes, und letzterer wiederum von den beiden grossen Lappen des „Fichtelberger Waldes", sowie in geringer Entfernung auch vom Schneebergzuge der Flügel des Kösseingebirges sich ablöst. — Eine Einsattelung von ähnlicher Wichtigkeit ist auf der Nordseite des Schneeberges zu finden, indem sich das Gehänge der Hohen Haide rasch zum torfigen Einschnitte der Weissenstädter „Hölle" erniedrigt, um eben so schnell zum Waldsteingebirge emporzuwachsen. Dieser Pass liegt 650′ tiefer als die Spitze des Waldsteines und mehr als 1100′ unter dem Gipfel des Schneeberges. — Im Verhältnisse zur geringen Erhebung der Gipfel über die Grundfläche — Gümbel (l. c. p. 13) nimmt in der Centralgruppe die letztere zu 1800′, und die mittlere Gipfelhöhe zu 2850′ an, so dass diese Gipfel durchschnittlich um 1050′ ihre Grundfläche überragen — im Verhältnisse also zu dieser geringen Gipfelerhebung sind diese beiden wichtigsten Sättel sehr tief eingeschnitten, tief genug um in der Centralmasse 3 gleichwerthige Gebirgsglieder unterscheiden zu lassen. Diese sind das Gebirge des Schneeberges, des Waldsteines und des Ochsenkopfes, deren „Flügel, Lappen und Köpfe" nun kurz betrachtet werden sollen.

Das Schneeberg-Gebiet.

Das orographische oder das Schneeberg-Gebiet im weiteren Sinne ist das Land, welches von den Flüssen Eger, Kornbach-Oelsnitz, Weismain, Naab und nach Südost von jener uralten Thalung begrenzt wird, welche durchschnittlich 1630′ hoch, über Riglasreuth, Dechantsees, Waltershof und Redwitz zur Kösseinmündung und längs der Rösla zur Eger zieht. Dieses umfangreiche Gebiet füllt es zur Hälfte etwa mit Granitbergen aus, zur Hälfte mit hügeligen Glimmerschiefer- und Gneis-Hochebenen oder mit Basaltkuppen.

Der eigentlich dominirende Bergzug oder das Gebiet des Schneeberges im engsten Sinne beginnt westlich von Fahrnbach mit der Hohen Mätzen (Matze) 2559′ und zieht über den Todtenkopf und das Silberhaus (wo die neue Hauptstrasse von Bayreuth nach Wunsiedel den Gebirgsrücken überschreitet) zum „riesigen Trümmerhaufen der hohen Platte 2774′, der aus gewaltigen Eelsbrocken kegelförmig aufgerichtet ist“ (Gümbel) und zwar aus SO. nach NW., also in der Richtung, welche die des hercynischen Hauptrückens ist und welche auch bis zum Kaltenbuch fort eingehalten wird. Bald wird die Form des Granitzuges aber breit rückenartig; von der Farnleiten an (Zinnhaus 2832′) schwillt das Plateau sanft bis zu seiner höchsten Erhebung an, an einzelnen Stellen von riesigem Trümmerwerk unterbrochen, das sich am Nusshard (Nussler 3016′) besonders romantisch zusammengehäuft hat. Ueber eine geringe moorige Vertiefung hinüber erreicht man von letzterem das weitgedehnte, trümmerbesäete Schneeberg-Plateau, aus dem der Backöfelefels 3272′ herausragt, während auch die Flanken des breiten Berges durch riesige Felshaufwerke (Haberstein etc.) weithin sichtbar markirt sind. Nach Norden senkt sich der Bergzug rascher und steiler als nach Süden, zugleich theilt er sich. In der alten Richtung nach NW. hängt nämlich am Schneeberge der Rücken des Kaltenbuch 2688′, der zur Hohen Haide 2638′ fast rechtwinklig nach Südwest fortsetzt. Hier nun wendet sich der Zug, unter wiederholter Abgabe kleiner nach N. und NW. gerichteter Aeste, (wie Wetzstein — Schamelsberg — Putzenberg — Reut, oder Wilfersreut — Zauschenberg etc.) und erfüllt so den Raum zwischen Weismain, Oelsnitz und Kornbach. Gegen das obere Mainthal setzt er mit besonders steilen Waldhängen ab. Der andere weit kürzere Zweig, den der Schneeberg selber abgiebt, steht senkrecht auf der anfänglichen Richtung, — er läuft nach NO., und zwar über die „Drei-Brüder" hin zur schönsten und belehrendsten aller unserer Granitruinen, zum Rudolfstein, einer Reihe riesiger thurm-ähnlicher Klippen, deren höchste bis 2708′ aufzackt. Dieser Zweig senkt sich alsbald rasch in die innere Hoch-ebene und zwar in das Weissenstädter Plateau hinab.

Die Kösseingruppe.

Südöstlich von der hohen Mätze oder südwestlich von Fahrnbach läuft ein niederer Bergsattel zum Südwest-flügel des grossen Schneebergzuges, zum Kösseingebirge hinüber. Dieser Sattel, über den die Kemnath-Wunsiedler Strasse bei 2079′ zieht, liegt etwas über 500′ unter der Mätzen und 800′ tiefer als die Spitze der grossen Kösseine, die unmittelbar über ihm sich erhebt. Der Stock der Kösseine ist ein ovaler Kranz von etwa 9 Kuppen, dessen Längsaxe jedoch bereits von SW. nach NO. läuft, also senkrecht auf der des dominirenden Schneebergzuges: wir stehen schon auf dem einen der nach Ost gerichteten Schenkel des „Hufeisens". In dieser Linie stehen auch die grössten Erhebungen dieser wildschönen Berggruppe: die Kösseine mit ihrem durch eine wunderschöne Aussicht gesegneten Doppelgipfel, dessen grösseres Horn 2900′

Höhe erreicht, — der Burgstein 2676′ und die hoch-
berühmte Lux - oder Louisenburg, eine wildschöne in
gigantische Trümmer zerschlagene, labyrinthische „Berg-
ruine", 2428′ hoch. Der Burgstein, wie die beiden ihm
nordwestlich gegenüber liegenden Habersteine, gehören
zu jenen Felsengruppen, welche die Natur im Style ur-
alter Burgen aus cyklopischem Mauerwerk aufgeführt hat.
Mit dem östlichsten dieser Bergköpfe, dem Wendernsteine
2182′, bricht die Kösseingruppe gegen die Redwitzer Hochfläche ab, — das „Hufeisen" hat hier eine Lücke, wir
werden bald sehen, wer sie jenseits des Centralstockes
zu ergänzen hat. Es ist noch beizufügen, dass der ganze
Zug der Platten, Mätzen und Kösseinberge in Süd und
Südwest von einem waldreichen Hügellande begleitet wird,
das den Raum zwischen Unterlind, Brand, Dechantsees
und Waltershof ausfüllt, und dessen westlicher Theil
gegen die Naab sich sanft abdacht.

Das Waldsteingebiet.

Der gegenüber liegende Schenkel des Hufeisens ist
das Waldsteingebirge im weiteren Sinne, welches zwischen Kornbach und Voitsumra aus dem moorigen Defilée der Weissenstädter „Hölle" der Hohen-Haide gegenüber mit raschem hohen Ansteigen beginnt, und welches
im Ganzen und Grossen genau aus SW. nach NO. zieht
und somit wiederum senkrecht auf der Richtung des
Schneebergzuges sowie des Thüringer-Waldes steht, wie
die Axe der Kösseingruppe. Doch ist hier die Bildung
eines langgezogenen Hauptrückens sehr ausgesprochen,
der um so mehr in die Augen fällt, als dieser Nordflügel
des „Hufeisens" total aus den Granitbergen des Centralstockes besteht, was beim Südflügel nicht der Fall ist.
Wir rechnen zum Waldsteingebiete Alles, was in Bayern
zwischen Saale und Eger liegt, da man nach Gesteins-
Grenzen allein im Centralstocke des Fichtelgebirges keine

Eintheilung durchführen kann. Da nun die Eger durchschnittlich nach Osten und die Saale ebenso nach Norden fliesst, so muss dieser Gebirgsabschnitt eine breit keilförmige oder nahezu dreieckige Gestalt erhalten. Die Spitze des Dreieckes liegt an der Weissenstädter Hölle, die Basis aber, welche abhängig von der Richtung des Nordostzuges, zugleich dessen Nordostgrenze sein muss, ist schwer anzugeben, denn — wie Eingangs erörtert wurde, hier verliert sich das Fichtelgebirge unmerklich in das sächsische Erzgebirge. Vielleicht ist es, um doch nicht die politische Grenze an die Stelle einer orographischen zu setzen, am besten, dem Laufe des Forellenbaches von Franzensbad bis zu seinen Quellen nachzugehen und von hier an der Schwesnitz bis zu ihrer Mündung in die Saale zu folgen. Diese Grenze läuft also über die Wasserscheide zwischen Eger und Saale bei Asch, sie und der grosse Strassenzug zwischen Eger und Hof fallen beinahe zusammen, sie ist eigentlich das Defilée zwischen Fichtel- und Erzgebirge. — Auch dieses Gebiet **besteht** also aus einem Bergzuge von Granit und aus begleitenden Terrassen anderer Gesteine, unter denen die Phyllit-, Glimmer- und Grauwackenschiefer weitaus überwiegen; diesen Schiefern gehören zwei Drittheile des Waldsteingebietes. Der Thonschiefer dieses Distriktes ist eine direkte Fortsetzung des grossen voigtländischen Silurgebietes, das sich zwischen den Gneis- und Granitmassen des Fichtelgebirges auskeilt; dieser Thonschieferkeil hat bemerkenswerther Weise die Richtung und Gestalt des ganzen Waldsteingebietes erhalten.

Die Waldsteingruppe.

Die eigentliche Waldsteinkette beginnt mit der Höhe des Münchberger Stadtwaldes und dem fast gleichhohen Zellerfels, 2404′, zwischen denen die Saalquelle 2240′ liegt. Ueber eine Einsattlung zwischen Zell und Rupperts-

grün hinweg (2297′) erhebt sich nun der eigentliche Waldstein 2739′ mit seiner moosreichen Ruine, mit seinem
seltsamen imponirenden, einem langen zertrümmerten
Steinwalle vergleichbaren Kamme, dessen höchster Zacken
eine wundervolle Fernsicht gestattet. Wie die Kösseine
hat auch dieser mit Recht gerühmte Berg einen Neben-
gipfel, den kleinen Waldstein. Von hier an setzt der
Zug stets nach Nordosten, über die Köhlerlohe 2233′,
einen zwischen Sparneck und Weissenstadt gelegenen
moorigen Sattel, hinweg zum Hohenstein und zum langen
Schindelberg-Rücken fort; nicht ohne der inneren Hoch-
ebene kleine Zweige zuzuschicken, deren bedeutendster
der Schlossberg von Kirchenlamitz (1850′) ist, der prachtvolle Epprechtstein 2514′ mit seiner berühmten Ruine.

Zwischen ihm und dem Hauptzuge entquillt die Lamitz
einer torfigen „Lohe" (= Waldsumpf) nahe der Stelle,
wo der Zug der Glimmerschiefergesteine über den ganzen
Waldsteinrücken sich legt, um dessen Granit-Ellipse von
der des grossen Kornbergs abzuschneiden. Der eigentliche Schindel- oder Zuchthausberg, 2310′, besteht aus
Glimmerschiefer, ebenso die ihm folgende Einsattelung
am Kaltenbuch, 1998′, in welcher die Strasse von Wunsiedel nach Hof diesen Ast des Centralstockes überschreitet. Jedoch der jenseits dieser Strasse sich erhebende
kleine Kornberg 2135′ ist wieder aus Granit erbaut.
Mit der Abnahme der absoluten Meereshöhe steht hier
aber auch ein tieferes Einschneiden der Thäler im Ein-
klange; der den Granit und die Waldsteinkette durch-
setzende Riss, in dem die Lamitz zur Saale hinaus statt
zur Eger hinüber geleitet wird, ist beim Neuenhammer
bis 1620′ eingetieft. Dieser Lauf der Lamitz ist um so
merkwürdiger, als auf der Torfebene in SO. von Nieder-
lamitz sich jene beiden Flussgebiete fast berühren, indem
daselbst hart neben der Lamitz der zur Eger fliessende
Wendernbach entspringt.

Die Kornberggruppe.

Diese Thalenge scheidet die Kornberggruppe vom
Waldsteinzuge im engeren Sinne etwa so ab, wie der
Sattel vor Fahrnbach die Kösseingruppe isolirt. Der
bisherige Charakter der Waldsteinberge ändert sich von
hier an. Der grosse Kornberg 2555' und überhaupt die
Höhen vom Dörflaser Berg bis zum Pfaffenberge 2218'
(zwischen Rehau und Selb) setzen zwar noch die Axe
des langen Waldsteingebirges in ähnlicher Richtung fort,
aber sie bilden keinen fest an einander geschlossenen
Zug mehr; es sind isolirte Kuppen, die eine lockere
Längsreihe bilden. Zugleich hängen an die Berge weitgedehnte Terrassen sich an; schon der Kornberg selber
gewinnt auf diese Weise ein ungeheures Fussgestell, er
streckt seinen breiten Fuss his Spielberg, Martinlamitz,
Pilgramsreuth und Buchbach, wo der Granit abermals
endet (1992'). So wandelt sich die Kammbildung des
eigentlichen Waldsteingebirges, bei gleichzeitiger Ver-
minderung der Gipfelhöhe, ganz allmählig in ein breites
Hochplateau um, aus welchem zahlreiche Bergkuppen
auf breiter Basis sich emporwölben. Jedoch die höchsten
dieser Berge, wie der hohe Reinstein und der Pfaffen-
berg 2218', zwischen denen die Strasse von Selb nach
Rehau noch bei 2160' Höhe durchzieht, sie liegen alle
noch in der alten Nordostlinie, die hier bis zur genannten
wichtigen Wasserscheide von Asch 2050' ca. hinabfällt. Was
nun an Hochland links von dieser wichtigen Linie gegen
die Saale zu südlich von der Schwesniz liegt, das kann
man als Rehauer Bergland bezeichnen; (was jenseits der
Schwesniz liegt, gehört eigentlich schon dem voigtländischen oder Elstergebirge und nicht mehr dem Fichtelgebirge an) und in ihm dominirt der Petersberg 1931'.
Was dagegen vom Bergland rechts der Linie Kornberg-
Pfaffenberg-Asch gegen die Eger sich ausstreckt, das

mag unter Erweiterung einer Volksbezeichnung als „Selber Wald" bezeichnet werden. Dieses Waldland, das vom Laufe des Selbbaches in zwei Lappen zerlegt wird, besteht in seiner nördlichen Hälfte überwiegend aus Glimmerschiefer und Gneiss, in seiner südlichen fast ganz aus Granit der grossen centralen Granit-Ellipse, die auch hier die bedeutendsten Erhebungen aufgerichtet hat: denn die Lengenauer Warte 2085' und der Höllberg 2186' im nördlichen, und die felsgekrönten Hengstberge 2080' im südlichen Selberwalde sind alles Granitberge; die sanfteren Glimmerschieferberge (Spielberg 1931', Vogelheerd bei Vielitz 1941') scheinen nicht über 1950' aufzuwachsen. Auch die Basaltkegel sind nicht so hoch. So unmerklich, als diese kuppenreichen rauhen Hochflächen nach NO., wie öfter bemerkt, in die Terrassen des Erzgebirges übergehen (hart bei Asch steigt schon dessen erster bedeutender Kopf, der Haynberg 2338', auf), so verwachsen sie auch gegen SW. zu mit jenen Theilen der inneren Hochfläche, welche Gümbel sehr passend das Wunsiedler Bergland genannt hat. Sie grenzen sich nur mit einer schwachen Marke davon ab, wenn man überhaupt den Lauf des Wendernbaches von Niederlamiz bis zur Eger (Wendenhammer) dafür halten darf.

Das Ochsenkopf-Gebiet.

Das Ochsenkopf-Gebirge, dessen Betrachtung uns wieder zur Torfebene des Fichtelsees zurückführt, ist die dritte Hauptabtheilung des eigentlichen centralen Fichtelgebirges. Der Ochsenkopf selber (3160') ist der kolossalste Berg unseres Gebietes, denn er allein füllt mit seinem Riesenleibe den ganzen Raum zwischen dem Fichtelsee, Fichtelberg, Geyersberg und Bischofsgrün aus. Gegen das oberste Mainthal, gegen die Seelohe, fällt er mit steilen Granithängen ab, sein Gipfel ist mit einzelnen

Schuttmassen beladen, welche nach Nord und Nordost sich stellenweise grossartig entwickeln. Dort oben ist auch das viel befabelte „Schneeloch", der berühmte Eingang zu einem Palaste voll unermesslichen Goldsegens; nun, „erleuchtet ihn auch nicht Herr Mammon prächtig" (Faust, Walburgisnacht), so glüht hier doch wenigstens das Leuchtmoos.

Zwischen Bischofsgrün und Grasseman löst sich, erst westlich, bald aber südlich ziehend, der eine Hauptzweig des Ochsenkopfes ab, der breite Föllmarsberg, welcher mit seinen steilen feuchten Nordhängen („Winterleiten") die enge Mainschlucht zwischen Röhrenhof und Bisehofsgrün einrahmt. An ihm hängen nach Südwest der Goldkronacher Goldberg und nach Süden die umfangreiche Königshaide, 2608′, mit ihren flach gescheitelten Vorbergen. Diese sämmtlichen Höhen bilden eine Art von Phyllit-Plateau, das gegen die Triasschichten der Bayreuther Gegend zu steil abbricht und so den weithin sichtbaren Südwestrand des Fichtelgebirges von Goldkronach bis Weidenberg bildet. So stellt dieser Ast ein breites Dreieck vor, dessen Spitze an den Ochsenkopf gefügt ist, dessen Seiten mit der genannten mehr westöstlichen Bahn des weissen Main und mit der von Nord nach Süd fliessenden Steinach zusammenfallen, und dessen Basis eben jener Südwestrand ist.

Das prächtige Steinachthal ist zugleich die Ostgrenze des anderen, ähnlich gebauten aber grösseren Hauptzweiges, welcher sich westlich von Fichtelberg vom Ochsenkopfe trennt, und welcher sofort so ausserordentlich ins Breite wächst, dass er den ganzen Raum zwischen der Steinach und Naab ausfüllt, und den prallgen Südwestrand des Fichtelgebirges von Weidenberg bis Kulmain und Waldeck bildet. Er hängt übrigens durch die schmale vom gewaltigen Quarzgange des „Gleisinger Felsen" markirte Wasserscheide zwischen der Naab und

Steinach (2200′ ca.) etwa so am Ochsenkopfe, wie eine riesige Birne, die einen recht dünnen Stiel hat. Er stellt im kleinen das Fichtelgebirge vor, insoferne seine Bäche, meist in steilen Waldschluchten, nach allen Himmelsgegenden laufen. Im oberen Theile heisst er gewöhnlich „Fichtelberger Wald“, im mittleren der „Hochwald“, an den sich nach SO, die Höhen des Scheiben- 2472′ und Schwarzenberges 2055′ anschliessen. Zuerst läuft er südlich und theilt sich in zwei, von der hier entspringenden Heide-Naab getrennte Lappen, deren einer, vom Eisenberge 2456′ beherrscht, dem Steinachthale felsige Hänge und Schluchten zukehrt. Der andere fällt gegen das oberste Naabthal ab, und trägt die beiden höchsten Erhebungen dieses Astes, den speziellen Hochwald 2621′ und den Gänsleitenberg 2614′ nächst Kirchenpingarten (1614′), wo das Fichtelgebirge am steilsten gegen die Triaswellen absetzt, nemlich auf engem Raume um volle 1000′. Neben dem Hochwaldgipfel, gegen den Eisenberg zu, erhebt sich der Schollenbühl 2564′, — alle drei in der Richtung von NW. nach SO., welche auch in der weiteren Verlängerung dieses Zweiges bis Kulmain von den Gipfeln (Scheibenberg 2472′, Lenauer- oder Schwarzberg, am sogenannten Babylon 2055′) eingehalten wird. Hier liegt die Südspitze des ganzen Gebirges, an das sich nun jenseit der Naab ein mächtiges Vorgebirge anreiht, welches aber senkrecht auf der Hebungsaxe dieses Zuges steht. Dieses Vorgebirge ist der Steinwald, welcher auf seinen Flanken von Basaltergüssen begleitet wird, die denn auch unsere Südspitze mit einer Gruppe isolirter Basaltkegel — man verzeihe den Ausdruck — umschwärmen. Der Armannsberg 2278′, der Anzenberg, der Waldecker Schlossberg und der Rauhe Culm 2139′ sind die bekanntesten derselben; die ersten drei darf der Orograph dem Fichtelgebirge beizählen; den Culm aber, der schon jenseits der Heidenaab liegt, kann er nicht mehr als äussersten Vorposten desselben betrachten, diese schon von Bayreuth aus sichtbare vollkommen isolirte Bergkuppe gehört dem Oberpfälzer Plateau an, d. h. der nordwestlichen Verflachnng des bayerischen Waldes. Sonst herrscht auch in diesem Zweige der Urthonschiefer vor.

Die Randgebirge.

I. Das Gebiet des Steinwaldes.

Das Gebiet der Steinwaldgruppe, von der schon mehrmal die Rede war, ist ein wohlbegrenztes, dessen Marken zum Theil schon bekannt sind. Die nach NO. ziehende Vertiefung von Riglasreut bis Redwiz und Schirnding (Röslamündung) trennt dieses Gebiet von dem der Schneeberggruppe; die gleichfalls nach NO. gerichteten Naab-Wondreb-Ebenen legen ihn und den Böhmerwald auseinander. Gegen Südwest schneidet ihn das tiefe Naabthal von Riglasreut 1550' bis Erbendorf von den mässig hohen Ausläufern der Central-, beziehungsweise der Ochsenkopf-Gruppe ab. Nach Norden verflachen sich seine letzten Hügel (Sct. Anna 1819') um Eger zwischen den Mündungen der Rösla und Wondreb. Der Baustyl, oder wie Naumann sagen würde, die Geotektonik dieses Gebietes erinnert mehrfach an das jenseits der „inneren Hochfläche" gegenüber liegende Waldsteingebirge, das auch in der gleichen Richtung gehoben ist. Beide kulminiren am Südwestende und beide nehmen dann rasch in der Südostrichtung an Höhe ab; beide beginnen mit einem ziemlich schmalen und steilen Hochkamme und beide enden mit breiten verschwommenen Hochflächen vor den Terrassen des Erzgebirges. Man hat also auch hier ein Steinwaldgebirge im engeren Sinne, und eines in der erweiterten geographischen Bedeutung.

Der Steinwald im engeren Sinne ist der zuerst mehr nach ONO. ziehende mächtige Wall von Granitbergen,

der zwischen Riglasreut und Fuchsmühl aus dem Naab-
thale und aus den ihn begleitenden Vertiefungen so plötz-
lich, so imponirend emporschwillt. Eine seiner ersten
Kuppen ist auch gleich seine höchste, es ist die Platte
2983' (3021' nach Walther), welche also mindestens so
hoch über das benachbarte Naabthal 1550' aufsteigt, als
der Schneeberg über seine nächsten Thäler und Sättel.
Ihr folgt der Weissenstein, dessen Ruine 2643' misst,
das Signal aber 2353'. An dem nun folgenden Rosssteine
ist eine Ziegelhütte mit 2286' bemessen.

Bei Fuchsmühl 1931' beginnt der Basalt mit **dem**
grossen Teuchelberge, der Zug des Gebirges streicht nun
entschieden gegen Nordosten und zwar auf Kosten der
Höhe in die Breite entwickelt. Jenseits der Wasserscheide
von Grossschlattengrün 1751' beginnt jenes merkwürdige
Bergrevier, welches den Namen „Reichsforst" trägt und
welches Gümbel mit folgenden Worten treffend zeichnet:
„es ist eine hohe Basalttuffmasse, die mit steilen Rändern
aufsteigend, oben fast eben die Köpfe der zahlreichen
Basaltkegel trägt." Von diesen sind die bedeutendsten:
der Wölsauer Steinberg (Haingrün, Dorf an dessen Schulter
1917), der Ruhberg 2219' und der etwas höhere Elmberg.
Nördlich um diesen biegt sich ein Defilée zwischen Seussen
und Konnersreut, welches den Reichsforst vom Kohl-
walde scheidet. Mit den Höhen des letzteren, welche
überwiegend aus Glimmer- und Urthonschiefern bestehen
(Hohenberger Steinberg 2059', Siebenlindenberg 2028'),
setzt das Steinwaldgebiet oder das südliche Vorgebirge
sanft gegen die Eger ab.

Orographischer Rückblick.

Ein Rückblick auf den uns nun in seinen einzelnen
Theilen bekannten Bergwall des „Hufeisens" zeigt uns,
dass dessen Mitte oder der Scheitel vom Schneebergzuge
(der vom Ochsenkopfe sozusagen verdickt wird) einge-

nommen ist, während die Gebirge des Waldsteins und des Steinwaldes die Schenkel bilden. Ferner nimmt man leicht wahr, wie jener Scheitel die alte bekannte Richtung des hercynischen Zuges vom Thüringerwalde gegen den Böhmerwald zu fortsetzt, während die beiden Schenkel der neuen Richtung des Erzgebirges entsprechen. Es sind nun alle die Höhenpunkte des Gebirges, welche 2600' übersteigen, um den Scheitel zusammengedrängt. Man sieht das in überraschender Weise, wenn man folgende Linien zieht: eine legt man über die Gipfel von Schneeberg, Platten und Matzen; die andere ihr parallel in der geringen Entfernung von nur einer Meile und zwar nordöstlich von ihr. Wenn man nun diese zweite Linie verlängert bis sie die Waldstein- und Steinwaldkämme geschnitten hat, so theilt sie das Gebirge in zwei Parthieen, deren nordöstliche zwar vielmal grösser ist als die südwestliche, aber keinen Gipfel von der genannten Höhe (2600') mehr enthält. Die höchsten Punkte, auch die der Schenkel, stehen hart beim Scheitel des „Hufeisens". Also besitzt das Fichtelgebirge seine grösste Erhebung eigentlich im südwestlichen und südlichen Theile, wo es auch am steilsten gegen die Triaslandschaft absetzt, — und zwar an und zwischen den Stellen, wo die Hebungslinien des Erzgebirges seine eigene Axe schneiden. Bekanntlich ist dies Verhältniss eine orographische Regel.

Die innere Hochebene.

Die höheren Theile des Gebirges schliessen welliges weitgebreitetes Hochland ein, das überwiegend aus Granit, Gneis und Glimmerschiefer besteht. In der Redwizer Gegend tritt Syenit hinzu; in dieser und ferner zwischen Hohenberg und Thierstein auch Basalt, der die sanften, oft sehr anmuthigen, oft aber doch monotonen Hügelwellen mit einigen kühneren Kuppen unterbricht; aus ihm bestehen die malerischen Schlossberge von Thierstein und Neuhaus mit ihren mächtigen Ruinen, ferner die „Steinberge" von Selb und von Thiersheim. Diejenigen Theile dieser „inneren Hochebene", welche näher am hohen Scheitel des „Hufeisens" liegen, sind reich an lieblichen Bildern, besonders die Wunsiedler Gegend, nach welcher Gümbel denn auch diese Hochflächen genannt hat. Wir wollen den Leser nicht mit der Aufzählung der kreuz und queren Wellenkämme und Wellenthäler dieses Hochlandes ermüden, da sie den Kämmen des Centralgebirges gegenüber höchst untergeordnet sind — ihr höchster Punkt, der noch dazu im innersten Winkel dicht unterm Schneeberge liegt, der Schauberg bei Meierhof 2242′, ist um volle 1000′ niedriger als sein Nachbar. Punkte wie der Katharinenberg bei Wunsiedel 1860′ und wie die Thiersheimer Hochwarte 1907′ sind besonders geeignet, den Beschauer mit dem landschaftlichen Charakter dieser Hochflächen bekannt zu machen. Die Art und Weise, wie die einschliessenden höheren Bergkämme nach NO. hinaus in die „innere" oder Wunsiedel-Thiersheimer Bergebene untertauchen, ist beim Selberwald zu schildern versucht worden. Die Gewässer der inneren Hochfläche gehören sämmtlich der (freilich nicht ununterbrochen) nahezu westöstlich fliessenden Eger, die südlichen sammelt der Kösseinbach, den selber wieder die Rösla (Ursprung am Fusse des Rudolphstein) bei Hohenberg an der Landesgrenze dem Hauptflusse zuführt, nachdem dieser unterhalb Wellerthal die Granitmassen in pittoresker Schlucht durchbrochen hat. Auch die Rösla arbeitet sich von Seussen an im sogenannten „Gesteinig" durch felsige Engen von Granit und Glimmerschiefer nach Arzberg durch.

II. Nordwestliche Vorlagen.

Grenze gegen den Thüringerwald.

Die nordwestlichen Vorlagen der Centralgruppe des Fichtelgebirges hängen, wie schon früher dargethan wurde (p. 7) auf das innigste mit dem Thüringerwalde zusammen; sie sind die unebene zerfurchte Brücke zwischen beiden, und desshalb verlieren auch so treffliche orographische Beurtheiler wie Credner, v. Walther und Gümbel die Uebereinstimmung, sowie sie diesen intermediären Gebietstheil berühren. Der erstere, der Orograph des Thüringerwaldes, zieht, wie auch schon Goldfuss und Bischof gethan, zu diesem den sogenannten Frankenwald bis zu den Flusslinien Mutschwiz (Moschwiz) — Rodach; v. Walther schliesst das Fichtelgebirge ebenfalls an diesen Flüssen ab, hält jedoch den Frankenwald für ein geognostisch und topographisch selbstständiges Gebilde. Gümbel dagegen erweitert das Fichtelgebirge bis zu den Thälern der Hasslach und Loquitz und zieht so den ganzen Frankenwald — aus uns unbekannten Gründen — dazu. Das Münchberger Gneisrevier haben sämmtliche Forscher als Glied des Fichtelgebirges erkannt wegen seiner vielfachen Beziehungeu zum granitischen Centralgebiete. Der sogenannte Frankenwald besteht aus den verschiedenen Gebilden der paläozoischen Formationen und ist offenbar der Südostzipfel ihres grossen Thüringer Revieres. Aber auch der später zu erörternde orographische Charakter bestimmt uns, das Land jenseits der Rodach-Mutschwiz-Linie für Thüringerwald zu halten, und den paläozoischen Antheil diesseits dieser Linie dem Fichtelgebirge als nordwestlichste Terrasse zuzurechnen.

Als Münchberger Hochland können wir dann die hügeligen Hochflächen bezeichnen, welche sich an die Centralgruppe längs des ganzen Westabfalles derselben anlehnen, und welche den bekannten steil abfallenden

Südwestrand ganz genau in derselben Weise, wie die Centralgruppe, von Berneck bis Kronach fortführen. Schon die ununterbrochene gleichartige Bildung dieses bekannten Walles, der an seinem Ende bei Kronach noch zu zwei Gipfelbildungen ansteigt, welche das Kronachthal bei Zeyern 1049′ um volle 1000′ überragen (Radspitze 2066′ und Geuserberg 2175′), schon diese schönste orographische Linie des Fichtelgebirges möchte hinreichen, unsere Begrenzung als die richtige erscheinen zu lassen. Aber auch die Thalbildungen sprechen etwas dafür. Wenn man das Land nur mit Rücksicht auf Bau und Richtung der Thäler zwischen Hasslach und Saale vergleicht, so könnte man es in drei verschieden gebildete Theile zerlegen. Erstens findet man zwischen Hasslach und Rodach ein System paralleler, enger und 4—500′ tiefer Thäler, zwischen denen schmale, lange und steil abfallende Landrücken hinziehen; alle westlichen Zuflüsse der Rodach rinnen in solchen Schluchten, sowohl die, welche dem unbestrittenen Kamme des Thüringerwaldes entquellen, als die, welche Gümbel bereits dem Fichtelgebirge zuwies. Dies Gebiet liegt jenseits unserer und Credner's Fichtelgebirgs-Grenze, es ist Thüringerwald, wie auch sein Hauptkamm bis zu den Mutschwizquellen mit dem charakteristischen Rennsteige*) versehen ist. Zweitens, zwischen der Linie Rodach-Mutschwiz und der Gneisgrenze finden sich ähnliche Höhen- und Thalzüge, jedoch nicht mehr so ausschliesslich und in einer anderen Richtung: sie fallen vom vorigen Systeme in einem Winkel von 45° ab, sie ziehen der Waldsteinkette parallel. So nördlich der Wildenrodach. Südlich von derselben bis zum Steilabfalle des Gebirges

---

*) Der „Rennsteig" ist der „uralte Grenzweg zwischen der fränkischen und thüringischen Seite des Thüringerwaldes". Da er fast überall den Rücken des Hauptkammes berührt, so nennt man diesen selber auch nur den „Rennsteig". Vergl. Credner, Uebersicht der geographischen Verhältnisse Thüringens.

findet man schon den Charakter des dritten Systemes, des Münchberger Gneisrevieres oder den uns schon bekannten der inneren und Selber Hochebene: statt langer schmaler Rücken wölben sich flache Kuppen sanft auf breiten Fussgestellen, zwischen denen die kleineren Flüsse nach allen Richtungen ihren Lauf nehmen können; nur sind in dem paläozoischen Theile dieses Systemes die Thäler meist zu tieferen und steileren Rinnen ausgebildet, als im Gneissgebiete. Man sieht also, dass zwischen den Thalbildungen der Gneis- und der paläozoischen Formation ein prinzipieller Unterschied nicht besteht; man sieht auch, dass das Land östlich der Linie Rodach-Moschwiz sich in seiner orographischen Ausbildung dem anstossenden Fichtelgebirge so unmittelbar anschliesst, wie das Land westlich davon dem angrenzenden Flügel des Thüringerwaldes. Mit anderen Worten, dass wir die Berührungslinie von Fichtelgebirg und Thüringerwald in jene Linie verlegt haben, ist orographisch so wohl zu rechtfertigen, wie der Anschluss des südöstlichen Grauwackengebietes an das Münchberger Hochland.

Das Münchberger Hochland.

Nach diesen Erörterungen lassen sich die Grenzen des Münchberger Hochlandes unschwer ziehen. Im Osten hat man die Linie Berneck-Gefrees-Saalthal, im Südwesten ist sein Rand von Berneck über Wiersberg, Ludwigschorgast und Stadtsteinach bis Kronach der bekannte Steilrand des Fichtelgebirges selber; von Kronach an begrenzt es westlich die Linie Rodach-Moschwiz und im Norden die Saale. Man kann es nach dem Ueberwiegen der paläozoischen oder der Gneissbildungen in zwei Flügel theilen; dass aber die Gneisshälfte (Gümbel's Münchberger Bergland p. 9) sich durch einen deutlichen Abfall vom Grauwackengebiete absondere, der über Kupferberg,

Grafengehaig, Schauenstein und Epplas hin bestimmt bemerkbar werde, das konnten wir nicht bemerken, am wenigsten zwischen Helmbrechts und dem Döbra.

Im Gneissreviere wie im Grauwackengebiete kann man übrigens den wassertheilenden Hauptrücken, der vom Thüringerwalde in der alten Richtung nach SO. herabzieht, deutlich genug verfolgen. Er enthält entschieden die höchsten Kuppen des Hochlandes. Von den Mutschwizquellen am Schlegler Kulm 2268′, wo der Rennsteig endet, bis zum Waldsteine folgen:

Die Langenbacher Höhe	2073′
Hirschberglein bei Steben . . .	2067′
Der Schneidberg bei Geroldsgrün .	2250′
Der Döbra	2517′
Der Hoheberg	2217′
Der Carlsberg	2060′
Der Heideberg	2261′.

Also misst der wasserscheidende Rücken, wie gering er sich auch über das Plateau erheben mag, im Durchschnitt doch bei 2200′, und diese Höhe wird kaum von der einen oder andern nahe gelegenen Seitenkuppe des Plateaus übertroffen. Der Thatsache, dass er vom Döbra aus gegen die Moschwizlinie rascher und tiefer sinkt, als gegen das Fichtelgebirge, entspricht das allmähliche Anschwellen des Gebirges im jenseitigen Thüringerwalde (vom Lobensteiner Kulm 2270′ bis zum Wetzstein 2550′, Hohenschuss 2633′ und Kieferle 2717′).

Im Gneissreviere hängen sich an die Hauptwasserscheide breite Plateau-Lappen, die allerdings in der Mehrzahl eine dem Waldstein parallele Richtung einhalten, doch giebt es auch Südnord- (besonders in der Südhälfte) und Westost-Linien (diese mehr in der Nordhälfte). Daher ziehen die Bäche in allen Richtungen hinaus, so die Selbiz nach N., der Untreu- und der Pulsnizbach nach NO., der Ulrichsbach nach O., die Oelsniz und Schorgast nach S., der Rehbach nach SW., die Wildenrodach nach W. u. s. w. Die wichtigsten Lappen sind der im Ahornberg 2158′ kulminirende nördliche, welcher die Gewässer der Saale und Selbiz scheidet, und jener südliche, welcher die Eklogit-Felsen des Weissenstein 2090′ trägt oder vielmehr trug. *)

Der Gneiss geht durch Aufnahme von Chlorit und Hornblende — sammt den ihn in Ost und Süd begleitenden Urthon- und Glimmerschiefern — in sogenannte grüne Schiefer von schwer zu bestimmender Mengung und Stellung über. Die Zone dieser Schichten ist durch das Auftreten des Serpentins und des so seltenen Eklogites ausgezeichnet und zwar finden sich die Serpentine mehr am äusseren Saume in einem der Waldsteinkette parallelen Zuge steriler Hügel, die Eklogit-Linsen dagegen mehr am inneren Rande der grünen Schichten. Von den 14 Fundstätten des letzteren, welche Naumann's Charte bezeichnet, waren die Felsen des Weissensteines bei Stammbach die berühmtesten; von den Serpentinhügeln ist der schönste der sterile Felskopf des Peterlstein 1848′ zwischen Kupferberg und Leugast; berühmter ist der Zeller Heideberg geworden, weil A. v. Humbold**) dessen attraktorisch-magnetische Kraft zuerst beschrieb. Im Südostwinkel des Gneisrevieres beginnend und um den südlichen Saum bis zum westlichen ziehend finden sich die Diabas-Gesteine, welche bei Berneck zum Theil dem Centralstocke angehören. Fast alle Diabasthäler, z. B. die von Wiersberg und besonders Berneck, sind durch prächtige Felsbildungen ausgezeichnet.

Im paläozoischen Theile des Münchberger Hochlandes mehren sich die Diabasstöcke, besonders im Saalgebiete,

---

*) Leider sind schon mehr als zwei Drittel dieser so selten in zusammenhängenden Felsen anstehenden Gesteinsart zerstört.

**) Vergl. Goldfuss und Bischof, Beschreibung des Fichtelgebirges, p. 193—204.

wo das schöne Felsthal ober Dürrenweid und das herrliche Höllenthal bei Bad Steben*) die bekanntesten sind. Auch das Thal der Saale hat da, wo diese den Diabas durchbricht, z. B. bei Blankenstein, seine schönsten Felsparthieen. Doch haben auch die dunkeln Waldthäler des Thonschiefers prächtige Stellen, so die Langenau und das Wildenrodachthal am Döbra. Merkwürdig ist hier noch das im Ganzen nach NO. gerichtete, also dem Waldsteinzuge parallele Auftreten von Kieselschiefern (z. B. auf der Döbrakuppe), denen meist Kalkbänke, beide paläozoisch, benachbart sind.

Der Thüringer oder Frankenwald.

Der bayrische Antheil des Thüringerwaldes, der eigentliche Frankenwald, besteht in einem vom Hohenschuss (2640') bei Thettau bis zum Kulm bei Schlegel (2268')

---

*) Wir können bei dieser Gelegenheit nicht umhin, einen heikeln Punkt zu berühren. Die neue theure Strasse durch das Höllthal hat dasselbe in sehr überflüssiger Weise um einen werthvollen Theil seines Felsenschmuckes gebracht. In anderen Ländern sucht man solche Zierden der Gegend möglichst unversehrt zu bewahren, namentlich in der unmittelbaren Nähe eines Bades wie Steben, weil man dort weiss, dass eine reizvolle Natur dessen Emporblühen und damit in letzter Instanz doch den Staatssäckel selber fördern würde. Bei uns denkt man stellenweise leider anders. Steub schreibt den Bayern einen Hang zur Unbequemlichkeit zu; fast scheint es, als ob neuerlich auch die Zerstörungslust dazu getreten sei, — das Höllthal, der Hain von Sanspareil, die Bedrohung des Epprechtsteines, die Vernichtung des Weissensteines, die eine Zeit lang in Frage gestellte Fortexistenz des Waldsteinkammes und des rauhen Kulmes legen uns diese Vermuthung nahe. Wenn eine Gesellschaft von Steinmetzen über die berühmten Felsgestalten der sächsischen Schweiz demolirend herfallen würde, welch' ein Zetergeschrei erhöbe sich, — der sanfteste Sachse würde da zum Berserker werden! Stammen denn wir von den Vandalen ab? Dass übrigens der herrliche Epprechtstein noch der schlimmsten Barbarei entrissen wurde, ist eine Thatsache, durch die sich die hohe Regierung den Dank der Nachwelt verdient hat.

mehr westöstlich laufenden Stücke des bekannten Renn-
steiges, des 17 Meilen langen Hauptkammes. Von ihm
lösen sich rechtwinklig lange schmale Landrücken ab, die
ein mächtiges Plateau von Thonschiefern bilden, dessen
Rücken etwa 3 — 400' tiefer als der Hauptkamm liegt,
und welches, wie wir schon wissen, von langen, 4—600'
tiefen, steilen und meist schmalen Südnordspalten zerfurcht
wird. Diese langen Bergstreifen hängen am Rennsteige
ungefähr wie die Zähne eines Chignonkammes an dessen
Axe. Diese Rücken und Rinnsale einzeln vorzuführen,
wäre zu monoton und verbietet der Raum. Doch gestatte
der Leser, ihm die kurze nnd treffende Schilderung Gümbel's mit einer kleinen Aenderung vorzulegen. „Auf
einem dieser Bergrücken stehend glaubt man eine fast
ebene oder nur wenig hügelige weite Landschaft vor sich
zu sehen, und kann Stunden lang in dieser Täuschung
sich erhalten, wenn man die Richtung von S. nach N.
einhält. Dagegen führt uns jede andere Richtung, die
wir einschlagen, rasch von der Höhe über sehr steile Gehänge in enge Spaltenthäler.... Ein gleich steiles Gehänge steigt jenseits wieder zu einem schmalen Rücken
empor, um eben so rasch weiter hinaus auf's Neue zu
einer tiefen Thalfurche sich nieder zu ziehen. So führt
uns der ermüdende Weg von wenigen Stunden über fünf
und mehr hohe schmale Rücken zu eben so vielen Thal-
tiefen, in denen klares Bergwasser in eiligem Sturze den
Bergen zu entrinnen sucht." Am Südsaume des Gebirges,
zwischen Kronach und Rothenkirchen, treten die Porphyr-
Conglomerate des Rothliegenden mit den Stockheimer
Kohlenlagern zusammen auf. Höhenmessungen sind
aus diesem Theile Oberfrankens bisher nur sehr wenige
ans Tageslicht getreten.

Voigtländische Höhen.

Als Anhang erwähnen wir noch das Gebiet, welches als das Nordosteck Bayerns jenseits der Saale liegt, und welches nach den Regeln der Orographie unbedingt schon zu den äussersten Terrassen des Erzgebirges zählt. Wir haben schon früher wiederholt aufmerksam gemacht, dass von einer markirten Grenze zwischen Erz- und Fichtelgebirge keine Rede ist, jedoch auf die schwache Linie aufmerksam gemacht (p. 14), in welcher die letzten Ausläufer beider Gebirgs-Systeme aneinander stossen. Das oberfränkische Gebiet, welches also jenseits der Saale und Regniz liegt, ist schon ein Stückchen Erzgebirg. Seine höchsten Erhebungen scheinen 1800' nicht zu überschreiten, die Oberfläche ist vom anstossenden „Selber Berglande" in der äusseren Gestalt nicht verschieden, jedoch besteht sie überwiegend aus paläozoischen Gesteinen und aus Urthonschiefer. Vielleicht wäre der Name Höfer Voigtland die richtigste Bezeichnung.

Das Trias-Hügelland

oder die Strandbildungen des Fichtelgebirges, wie man in Oberfranken die drei betreffenden Formationen wegen der Stellung ihrer wichtigeren Parthieen nennen könnte, umsäumen den ganzen steilen südwestlichen Abfall des Fichtelgebirges und Thüringerwaldes, von Kronach bis zur Naabwondreb-Verebnung, und sie legen sich zwischen jene und das Jura-Gebirge als ein 5 bis 6 Stunden breites Band von meist sanften Hügelwellen. Auch den Ostrand des oberfränkischen Jura-Plateau's rahmen solche Schichten ein, jedoch unter rascher Auskeilung von Buntsandstein und Muschelkalk. Dagegen an der Nordwestecke des Jura's, etwa links der Linie Lichtenfels-Kronach erhalten fast alle Triasglieder grössere Ausbreitung; und besonders ist es der Keuper, welcher nach W. und SW.

eine ausserordentliche Ausdehnung gewinnt, von welcher
jedoch unserem Gebiete nur ein grösserer Lappen zuge-
fallen ist, nemlich das Land westlich der Linie Erlangen-
Bamberg bis Ebrach hin. Diesen Lappen werden wir
den westlichen Keuper nennen, dagegen den in seinen
Lineamenten verschiedenen, der den Jura von Thurnau
bis Kreussen und an die Pegnitz begleitet, den östlichen.

Wir haben damit auch schon angedeutet, dass wir
den Keuper für unsere Untersuchungen wichtiger fanden,
als den Muschelkalk und Buntsandstein; indess nicht nur
bei diesen beiden, sondern auch beim Keuper darf auf
eine in's Einzelne gehende Darstellung verzichtet werden.
Im Ganzen nemlich zeichnen sich alle drei Gebiete durch
ihren ungemein einförmigen Charakter aus, sowohl in
bryologischer als in landschaftlicher Beziehung. Dann
steht die orographische Bedeutung ihrer Landwellen tief
unter der Wichtigkeit des wassertheilenden Fichtelgebirges,
dem wir desshalb (und auch um abweichende Ansichten
zu begründen) **eine** besonders **genaue** Betrachtung **zu-
wandten.** Ferner sind die Triasgebiete von **der** Kultur
längst schon in einem Grade beherrscht, dass nur **wenige**
Stellen dem Bryologen die Mühe seiner Untersuchungen
zu lohnen vermögen. Selten auch reizen sie ihn durch
Bildung grosser Moore oder Schluchten oder Tufflager
zur Invasion: und endlich ist uns bisher ein grosser Theil
weder durch Höhenmessungen noch durch eigene An-
schauung bekannt geworden. Vielleicht gewinnt uns für
diese Lücke auch folgende Erwägung die Verzeihung des
gütigen Lesers: wer solche Untersuchungen durchführt,
ohne von der lieblichen Welle staatlicher Subvention getragen zu sein, der pflegt Zeit und Geld eben nur den
dankbarsten Objekten zu opfern. Wir wüssten **aber nicht,**
dass auf das so schwierige Gebiet der kryptogamischen
Erforschung des Landes jemals ein nennenswerther Tropfen
aus jener Quelle befruchtend hinabgesickert wäre.

Der Buntsandstein

zieht nach obiger Darstellung aus der Gegend von Kemnat
1443' über Kirchenpingarten 1614', Weidenberg (1695'),
Bindlach 1113', Trebgast 1004' und Spitzeichen 1635'
zum Rehberg 1637' nach Kulmbach und Kronach 794',
wo er Oberfranken verlässt, nachdem er hier seine bedeutendste Höhe*) erreicht hat: so dass bei uns die grössten
Höhenunterschiede seiner Landwellen etwa 800' betragen.
Die mittlere Höhe des Zuges stellt sich nach jenen 4
Thal- und 4 Höhenpunkten auf etwa 1400' (1398'). Ueber
Kulmbach hinauf gegen Heinersreut schneidet sich die
Wolfskehle, eine steile Waldschlucht, zwischen Plassen-
burg und Rehberg ein, wohl die einzige in dieser Formation; in der Niederung des Lauterweihers bei Trebgast breiten sich umfangreiche Moorwiesen bis Lindau aus.

Es ist hier der Frage zu gedenken, ob der Buntsandstein den Südwestrand des Fichtelgebirges in ununter-
brochenem Zusammenhange einrahmt, oder ob ihn von
Rodach bis Goldkronach Keuperbildungen ablösen. Letzeres
ist die Ansicht der Naumann'schen Charte und Gümbel's;
ersteres vermuthet — auf die in der Trebgaster Gegend
östlich der Neumarkter Bahnlinie erscheinenden Bänke
des Röth- oder Grenzdolomites gestützt — unser geehrter
Freund Dr. Fikentscher. Die Frage gewinnt nemlich
auch für die Botaniker und Orographen Interesse, denn
dieses strittige Gebiet bildet ja jene langgezogene, von
üppigem Wiesland erfüllte, muldenartige Niederung, welche
den Südwestabfall des Fichtelgebirges weithin begleitet
und ohne welche derselbe minder steil und eigenthüm-
lich erscheinen würde. Diese wie es scheint unter das

---

*) Nach Gümbel im Eichelberg, da er ihn zu 1771' angiebt; die
neue Lichtenfelser Karte jedoch misst diese Höhe zu 177,5 bayr. Ruthen,
= 1592' p., dann wäre der Rehberg die höchste freie Kuppe, weil
die Weidenberger Angabe sich auf eine Stelle bezieht, wo ihn noch der
Muschelkalk überlagert.

Niveau des Muschelkalkes reichende Spalte liegt der
höchsten Erhebung des Centralkammes parallel, und ihre
Ausfüllung mit (? ungestörten) Keuperschichten verspräche
Aufschlüsse über die Epoche, in welcher die Erhebung
der Centralgruppe stattfand, — im Sinne jener berühmten
Theorie von Elie de Beaumont, welcher zwar das
System des Erzgebirges und das des Thüringerwaldes zu
bestimmen suchte, aber dem Fichtelgebirge keine zweifel-
lose Stelle zuwies.

Der Muschelkalk

theilt die Verbreitung des Buntsandsteines, weil er sich
auf diesem erhebt. Seine Hügelrücken bilden jenen
gleichförmigen und scheinbar gleich hohen Zug, der sich
gegen den Bayreuther Keuper im Ganzen stärker abdacht,
als gegen das Fichtelgebirge hin. Nur da, wo ehedem
die Gewässer der Warmensteinach ihn und seine Grund-
lage anschnitten und durchbrachen, von Weidenberg bis
Laineck, fällt er auch gegen das Gebirge zu schroffer ab.
Der tiefste und höchste Punkt dieses Zuges sind um 730'
Höhe verschieden, die durchschnittliche Höhe beträgt
nach folgender Kote, die von SO. nach NW. über den
ganzen Zug läuft, etwas über 1500':

Kirchenlaibach	1441'
Fenkensees, Höhe im N.	1744'
Weidenberg, Steinach	1377'
„ „ Höhe bei Lankendorf	1762'
Weinberg bei Untersteinach . . .	1704'
Oschenberg	1627'
Bindlacher Strassenhöhe	1569'
Weinleiten bei Ködniz	1407'
Klosterebene bei Himmelkron . .	1520'
Hohestrasse bei Seibelsdorf . . .	1507'
Kreuzberg bei Kronach	1404'
Kronach, Unterrodach, ca. . . .	1030'.

Der Farbenton der Muschelkalkberge ist sehr charakteristisch: ein lichtes Graubraun, wie an einer verblichenen Rehdecke, dazwischen grosse ockerfarbige Flecken, welche die Stelle grosser Steinbrüche bezeichnen. Für den Bryologen ist in diesem Zuge die mächtige Tuffabsonderung bei Laineck, welche aus diesen Schichten ihren Kalk bezog, besonders wichtig. Andere Tufflager werden bei Stockau ausgebeutet, von ihnen stammt der Tuff in den Anlagen der Eremitage. Felsige Schluchten und Torfbildung sind dem Zuge des Muschelkalkes fremd; die oberste breite Platte der Anhöhen trägt manchen steinigen Anger mit charakteristischen Moosarten.

Der Keuper.

Der westliche Keuper ist jener Theil des Gebietes, welcher die geringste orographische Ausbeute ergab. Den Westrand dieses Lappen's erfüllt der Steigerwald mit seinen (wie wir aus den Moosfunden seines fleissigen Durchforschers, H. Kress schliessen möchten) nicht von tieferen Felsschluchten durchfurchten Waldbergen, welche nach O. sehr allmählig, nach W. aber ziemlich rasch abfallen, und in ihrem höchsten Theile, im Zabelstein (Unterfranken) 1459′ erreichen.

Anders der östliche Keuper, in welchen die Mainfluthen von Kreussen 1306′ bis in die Lichtenfelser Gegend 813′ ihr tiefgelegenes Bett ausgebaggert haben, ehe sie die weicheren Liasschichten am Nordwesteck des Jura durchbrechen, um den westlichen Keuperlappen zu erreichen. Im Bayreuther Keuper rieseln nämlich vom höheren Jurasaume herab zahlreiche kleinere Bäche zum Main, deren Wässer sich zuerst in sanften Lias-Mulden sammeln und dann die oberen Keupersandsteine in meist tiefen und schmalen Rinnen durchnagen. Diese Erosions-Thäler haben sich entweder, — bei besonders steiler und tiefer Einsenkung und durch den Zusammenbruch der Seitenwände — zu grossen und wildschönen Schluchten ausgebildet (wie die nach einem alten Schurf „Arzloch" getaufte Schlucht zwischen Mistelbach und Hardt, — wie der prachtvolle an gigantischem Trümmerwerk überreiche Aftergraben bei Neustädtlein — und vor allem wie das grossartig wilde Teufelsloch, nordöstlich von der Schanze, dessen Felsruinen einer alten Residenz des „Leibhaftigen" allerdings nur Ehre machen würden): — oder sie sind doch, bei flacher und breiterer Sohle, liebliche mit malerischen Felsparthieen gezierte Waldthäler geworden, wie z. B. die Gräben unter Oberwaiz, Dörnhof und Forst, **unter Gesees**, das Salamanderthal und das so anmuthige Thal der Fantasie, wo ein geläuterter Geschmack das, was die Natur bot, zu reizvollen Anlagen entwickelt hat. Mitunter krönen einen Hügelrand ganze Reihen mächtiger Sandsteinfelsen, die so seltsam gehöhlt, zerfressen und zerklüftet sind, dass wir wohl nur an die Meeresbrandung als Ursache denken können. Das treueste Bild solcher Küstenklippen ist der Buchstein.

Der östliche Keuper besteht überwiegend aus den Sandsteinen der obersten Stufe des bunten Keupers im Sinne Gümbel's, die von knochen- und besonders pflanzenführenden Lettenschiefern der rhätischen Gruppe, von den sogenannten Bonebed-Schichten, begleitet werden. Der Mittel- und Oberlauf der genannten moosreichen Schluchten durchschneidet immer diese eben genannten Bildungen. — Aber auch tiefere Schichten treten uns in grosser Ausdehnung entgegen. Von Benk bis Seibothenreut tritt der Benker oder Schilfsandstein, die tiefste Sandsteinbildung des bunten oder mittleren Keupers, zu Tage; über ihr liegen in gewaltiger Mächtigkeit grüngraue Letten- und Mergelschiefer, welche Gümbel die Bodenmühlschichten nennt, weil sie in der schönen gewundenen Schlucht bei der Bodenmühle, in welcher der rothe Main diese Schichten durchsägt, prachtvoll blossgelegt sind. Hier sind auch die seltsamen Sandsteinplatten zu sehen, welche durch prachtvolle Wellenfurchen das Kennerauge fesseln. Den grauen Bodenmühlschichten begegnet man schon am Wege nach Aichig und zum Eremitenhofe.

Der östliche Keuper erreicht seine grösste Meeres-höhe mit 1453′ in der Hohen Warte nächst Bayreuth, während seine mittlere Höhe nur etwa 1200′ beträgt. Er ist die äusserste Strandbildung des Fichtelgebirges, und bei der leichten Zerstörbarkeit seiner Gesteine konnte ihn der Zahn der Zeit, der doch so langsam arbeitet, immerhin auf eine weit geringere Meereshöhe reduziren als die älteren Strandschichten. Ja obwohl es mehr als wahr-scheinlich ist, dass die Keuperhöhen einst die Jurariffe weit überragten, liegen ihre Reste heute doch tief unter dem mittleren Niveau des Jura. Eine schöne und lehr-reiche Ansicht dieser Keuperlandschaft gewähren der Sophienberg und die Höhen bei Mutmannsreut.

Das Juragebirge Oberfrankens

ist der nördlichste Abschnitt jenes eben so weit ziehenden als wunderbar gleichmässigen Gebirges, dessen wahren Charakter in Bayern zuerst L. v. Buch erkannt hat: und welches in der Hauptsache aus ungeheuren Korallen-Riffen besteht, welche über mergeligen und sandigen Schichten (Lias und Dogger) erbaut sind und mit diesen selber auf dem Keuper ruhen.

Dieser Abschnitt entspricht dem Muggendorfer Gebirge H. v. Walther's, dem wir hierüber eine ganz ausgezeichnete und von der Liebe zum Gegenstande durchglühte Schilderung verdanken; auf welche wir den juraholden Leser um so lieber verweisen, als der knappe

Raum uns manches verschweigen heisst. Dieser Gebirgs-
theil ist ausgezeichnet begrenzt: in W., N. und O. von
der tieferen Keuperlandschaft, in S. von dem Laufe der
Pegniz, die westöstlich das ganze Gebirge durchsetzt.
Wie bekannt ist es eine fast einzig dastehende orogra-
phische Eigenheit des ganzen deutschen Juragebirges,
dass es keine Hauptwasserscheide besitzt, sondern der
Quere nach von den Strombetten der Altmühl, die im
Keuper entspringt, und anderer Flüsse durchschnitten
wird. Die Bergwässer des oberfränkischen Theiles gehören fast alle dem Gebiete der Wiesent an, welche
von der Regniz ebenso wie die Pegniz dem Maine zuge-
führt wird, der auf diese Weise fast sämmtliche Gewässer
des Muggendorfer Jura empfängt: freilich auf seltsamen
Umwegen wie man sieht. Diese Thäler sind, fast ohne
eine Ausnahme, 100—250' tiefe und enge Spalten, die
man desshalb ungefähr mit demselben Glücke, wie das
ganze Muggendorfer Gebiet mit der Schweiz, mit den
„Barrancos" des mexikanischen Hochlandes verglichen hat.

    Der Jura ist ein Plateau von ungefähr **1650'** mitt-
lerer **Höhe,** dessen Gebirgsnatur ähnlich wie im Franken-
walde nicht auf den Gipfeln, sondern in den Thälern
aufgesucht werden muss. Nur sind im Jura die Gebirgsglieder breite oft nierenartig gestaltete Lappen und keine
schmalen Rücken. Diesen Hochflächen sind viele und
oft mächtige Felsköpfe aufgesetzt, die aber, bei ihrer
meist geringen Erhebung über das umgebende Plateau,
auf grössere Entfernungen nicht mehr auffallen, wie
imposant sie auch in der Nähe betrachtet erscheinen.
In die Thalspalten hinab bricht das Plateau fast durch-
gängig in malerischen Wänden ab, die öfters in riesige
Trümmer zerborsten sind. Ruinen des Gebirges, Werke
der Verwitterung, tragen sie selber wiederum die Ruinen
der menschlichen Thätigkeit; ihre oft ungemein fesseln-
den Reize kennt Europa. Die berühmtesten dieser

Spaltenthäler sind das der Wiesent von Streitberg
bis Waischenfeld hinauf; das Thal von Neuhaus bei
Aufsees; das Asbach- oder Ahornthal mit Rabenstein;
das Püttlach- oder Pottensteiner-Thal mit Tüchers-
feld und mit den herrlichen Seitenästen des Kühlen-
felser- und Haselbrunner-Grundes, — drei Felsthäler,
die durch ihre Aehnlichkeit mit Voralpen-Schluchten die
Perlen des Muggendorfer Gebirges sind. Auch das
Pegnizthal mit der grossartigen Ruine Veldenstein und
das prächtige Thal von Kleinziegenfeld bis Weismain, das sein grünes Bergwasser direkt dem Maine
zusendet, verdienen Erwähnung. Besonders schöne und
für das Studium des merkwürdigen Plateau's geeignete
Stellen finden sich auf den Höhen zwischen Pegniz und
dem Ahornthale. So gewährt die Plätte (1894') bei Hohen-
mirsberg, dem höchstgelegenen Dorfe unseres Jura (1786'),
einen wahrhaft überraschenden Ueberblick desselben und
es ist ein besonderer Reiz dieses Panoramas, dass im
Hintergrunde die lichtblauen Bergwellen des Fichtelgebirges auftauchen, der Ochsenkopf und der Steinwald.

Gegen die Keuperlandschaft, in deren Verebnungen
meist auch der Lias gezogen ist, bricht die Hochplatte überall stark ab, am Ostrande jedoch minder hoch, weil hier
der Keuper um 200 Fuss höher liegt als am Nord- und
Westrande. Am Westrande finden sich Buchten, wie die
von Ebermannstadt, vor denen abgerissene Jurastöcke
wie Inseln vor den Busen eines Kontinentes liegen. Das
Plateau ist durchweg wasserarm. Die Kalk- und Dolomit-
massen, welche es bilden, sind ungemein zerklüftet und
höhlenreich. Durch schachtartige Spalten dringt Wasser
ein, welches nach Gümbel's klarer Darstellung das Ge-
stein mechanisch und chemisch zerstört und so Höhlungen
bildet, deren Decken und Wände es mit Stalaktiten,
deren Boden es mit diluvialem Schlamme und zugleich
auch mit Knochen längst ausgestorbener Thierarten

versehen hat. Die Höhlenbildung dauert sicher noch fort; sogenannte „Hülen" oder Wetterlöcher verrathen Tausende noch unerforschter Höhlen, in deren Schlamm die ferne Zukunft sicher einmal auch manchen Knochen der heutigen christlichen Jurabewohner aufstöbern wird. Das versitzende Wasser bricht oft in ganz gewaltigen Quellen zu Tage, von denen manche sofort Mühlen zu treiben im Stande sind. Dagegen können auch fertige kräftige Bäche noch in Spalten ihrer Thalsohlen verschwinden, wie es der Pegniz am Wasserberge unterhalb des gleichnamigen Städtchens widerfährt.

Die Thalspalten folgen keinem geordneten Systeme, wenn man ein solches nicht darin sehen will, dass die Wiesentspalte eine Zeit lang durch die Mitte des Muggendorfer Gebirges von N. nach S. zieht, also mit dem, freilich im Ober- wie im Unterlaufe veränderten, Charakter eines Längenthales: und ferner darin, dass alle grösseren Bäche oder Spalten von rechts und links her gegen diese Hauptspalte konvergiren. Demgemäss scheint das Gebirge vor oder an seinem Steilrande seine bedeutendste Elevation zu besitzen; freilich kommt es auch vor, dass einmal ein Bach, z. B. ein Quellenstrang der Truppach, schon an der Aussenseite des Steilrandes entspringt und dennoch eine Lücke findet, durch welche er wieder weit ins Innere zur Wiesent gelangt! Diesen Einbruch sieht man sehr deutlich vom Sophienberge aus.

Die grössten Höhen des nördlichen Jura finden sich am Ost- und dann am Nordrande, die tiefsten Thalpunkte im Westen. Von Pegniz bis Amberg finden sich Bergspitzen, die gegen 2000′ Höhe erreichen; in unserem Gebiete dominirt der Warnberger Kulm 1991′, ein schön gebauter Dolomitkegel zwischen Pegniz 1329′ und Püttlach, der somit die Pegniz um 662 Fuss überragt. Oestlich von ihm, jenseits der Grenze erhebt sich in einem westöstlich laufenden Doggersandsteinzuge, im sogenannten Kutschenrain, der Thurndorfer Calvarien-berg bis 2041', der dritthöchste Punkt im bayrischen Jura*).

Die Hochplatte mit ihren Felsköpfen sowie auch die romantischen Geschröffe der Thalwände, sie bestehen im Muggendorfer Gebirge überwiegend aus Gesteinen des oberen oder weissen Jura, und zwar aus Dolomit, seltener aus den Bänken der Schwammkorallen. Jüngere, procäne und tertiäre Schichten erfüllen übrigens im Jura fast jede Mulde der Hochplatte, wie Alluvionen den Thalboden. Im grossen Veldensteiner Forste treten vorm Forsthause neben der Strasse von Pegniz nach Plech zahlreiche Trümmer und auch Bänke von Sandstein aus einem wahren Flugsande hervor; am „Schutzengel", einer Anhöhe desselben Waldmantels, sind Sandstein-brüche im Betriebe**). Eine besondere Merkwürdigkeit für den Geologen wie für den Bryologen sind die zahl-reichen erratischen Blöcke, meistens von Quarz, welche wohl dem bayrischen Walde entstammen dürften; sie liegen so weit wir sie sahen, weniger in den Mulden des Sandrevieres, als vielmehr auf den Kalkplatten, z. B. am Zipserberge bei 1660' Höhe.

Am Baue des eigentlichen Steilrandes der Hochplatte ist dagegen gewöhnlich der braune Jura oder Dogger mit seinen rothen oder dunkeln Sandsteinmassen be-theiligt, der ins Innere nur selten eindringt (Kessel von Kirchahorn und Höhen darüber). Er ist das einzige Jura-Gestein, welches auch deutliche Längsrücken bilden konnte, sowohl westöstliche wie den hohen Kutschenrain und die Höhen von der Neuenbürg bis Weiglathal, als

---

*) Die beiden höchsten Punkte des Jura sind der Hesselberg (Ge-rolfingerberg) 2156' und der Poppberg bei Kastel 2052'.

**) Der Bryolog möchte seufzen: „leider"; denn diese Brüche haben zwei der schönsten Funde Arnold's im Jura, die Andreaea und das Cynodontium alpestre wohl schon vernichtet.

auch mehr südnördliche wie westlich über Volsbach. Ein
wichtiges aus Dogger und Lias bestehendes Vorgebirge
sind die Banzerberge (Kulch 1498') jenseits des Maines.
Als bekannte oder bedeutende Höhepunkte sind am Nord-
und Nordostrande noch nachzutragen: der seinen deutlichen Terrassen seinen Namen verdankende Staffelberg
1736', der Gorkum 1756', der Kortigast (Kottiges, Kötter-
les) 1728' und Göroauer Anger bei Kasendorf 1688', die
Horlachen 1758' unter den Kalkgipfeln; sowie von den
Bayreuther Dogger- und Liasbergen der Sophienberg
1856', der Waldberg nördlich der Rothmainsquelle 1839',
die Höhe von Mutmannsreut 1732' (nördlich über der
eigentlichen „Fichtennohe" genannten Pegnizquelle) und
die Neuebürg 1828': lauter Hochwarten mit herrlichen
Fernsichten. Nur die kalkarmen Tertiärsand-, die Dogger-
und Liasschichten zeichnen sich durch Torfbildung mit
Sphagneten aus, welche der Hochplatte und ihren von
grünen Kalkbächen durchrieselten Spalten vollkommen
fehlen. Für Tuffbildungen hat der Jura hie und da
Stoff geliefert, eine wichtige z. B. befindet sich am
Würgauerberge an der Grenze von weissem Jura und
Dogger.

Höhenverzeichniss.

Wir sammelten diese 590 Angaben theils aus Gümbel's Zusammenstellungen in verschiedenen Bänden der
„Bavaria", theils aus Walther's „topischer Geographie", theils aus Meyer und Schmid's „Flora des
Fichtelgebirges" — Werke, in denen zum grössten
Theile die Quellen, resp. die Namen der Herren Ver-
messer sich finden —; einen nicht unbedeutenden Theil
entnahmen wir einigen neueren topographischen Karten
des Kreises, und bedauern nur, dass die übrigen, so wie
sie uns in die Hände kamen, keine solchen Angaben ent-

halten. Das unpractische Ruthen-Maas jener Karten verwandelten wir in den bequemeren Pariser-Fuss.

Es ist noch beizusetzen, dass die Angaben bei Gümbel und Walther oft übereinstimmen, oft um 1′ oder (aus bekannten Ursachen) um 26 — 29 Fuss abweichen; wir wagten nicht die älteren Angaben der neueren Bestimmung des Münchner Dompflasters anzupassen: um so weniger, als einige dieser Daten auch gewaltig differiren, so Thiersheim um 139′, das Zinnhaus um 405′, das Hirschberglein gar um 555′.

A.

Adlerstein bei Muggendorf	1698′
Ahornberg, Signal-Punkt	2158′
„ „ nördl. v. Dorfe (n. Walther)	2038′
„ Kirchenpflaster	1889′
Alexandersbad	1728′
„ Schlosshof	1761′
Allerswald	2044′
Alsendorf bei Hof	1713′
Altenburg bei Bamberg	1336′
Alt-Drossenfeld, Mainniveau	953′
Amberg, Vilsniveau	1093′
Annaberg, St., Pfarrhof 1 Stock	1819′
„ Grünberg in W. davon . . .	1975′
Armannsberg	2278′
„ Capelle	2311′
Arzberg im Röslathal, Kirchenpflaster . .	1455′
„ Kirchenthürschwelle (Gümbel) . .	1526′
„ bei Amberg, im Jura	1517′
Asch, Strassenpflaster	1904′
Auerbach, Stadt, im Jura	1394′

B.

Babylon bei Kulmain (Pavillon!)	2055′
Badersberg nächst Veitlahm bei Kulmbach .	1712′

Zeitfracht Medien GmbH
Ferdinand-Jühlke-Straße 7
99095 Erfurt, Deutschland
produktsicherheit@kolibri360.de